Tiburones blancos

Nico Barnes

capstone®
www.capstoneclassroom.com

ABDO
TIBURONES
Kids

Spanish Translators: Maria Reyes-Wrede, Maria Puchol

Photo Credits: iStock, Thinkstock

Production Contributors: Teddy Borth, Jennie Forsberg, Grace Hansen

Design Contributors: Dorothy Toth, Renée LaViolette, Laura Rask

Library of Congress Cataloging-in-Publication Data

Cataloging-in-publication information is on file with the Library of Congress.

ISBN 978-1-4966-0515-3 (paperback)

Printed in the United States of America in North Mankato, Minnesota.

042018   000405

Contenido

Tiburones blancos 4

Caza 14

Alimentación 18

Crías de tiburón blanco 20

Más datos 22

Glosario 23

Índice 24

Tiburones blancos

El gran tiburón blanco
es uno de los peces más
grandes del océano.

4

El gran tiburón blanco vive
en los océanos de todo
el mundo. Le gustan las
temperaturas templadas.

6

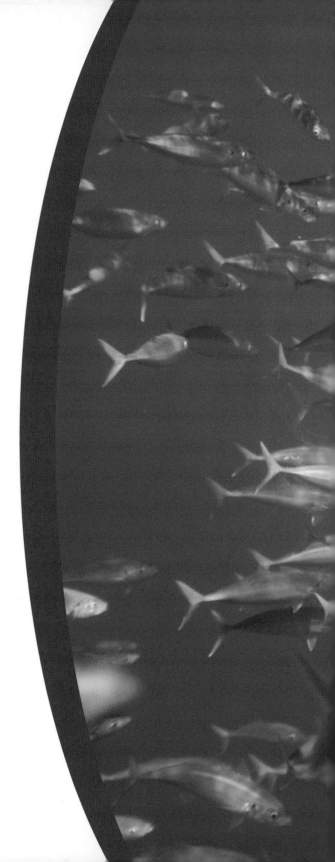

La parte de arriba del tiburón blanco es de color grisáceo. Se le llama gran tiburón blanco por su panza blanca.

El gran tiburón blanco
tiene forma de torpedo.
Su cola es fuerte. ¡Está
hecho para nadar rápido!

El gran tiburón blanco

no puede emitir sonidos.

Utiliza el **lenguaje corporal**

para **comunicarse**.

13

Caza

Los tiburones blancos son buenos cazadores. Tienen buen sentido del oído y de la vista. Tienen un gran olfato.

El gran tiburón blanco consigue su comida nadando hacia arriba muy rápido. **Sale de repente** del agua para atrapar a sus **presas**.

Alimentación

Las comidas preferidas
de un tiburón blanco son
los lobos marinos y las focas.

Crías de tiburón blanco

Los tiburones recién nacidos se llaman crías. Las crías viven por su cuenta después de nacer.

Más datos

- Normalmente los tiburones blancos no sobreviven su primer año de vida.

- Después de una gran comida, los tiburones blancos pueden estar sin comer entre uno y dos meses.

- Los dientes del gran tiburón blanco pueden medir más de 2.5 pulgadas de largo (6.35 cm).

- Los tiburones blancos pueden voltear sus ojos completamente hacia atrás. Lo hacen para protegerse los ojos cuando están cazando una presa.

Glosario

comunicarse – dar y recibir información.

cría – animal recién nacido.

lenguaje corporal – comunicación sin palabras.

presa – animal que se caza o mata para comer.

sale de repente – aparecer de sorpresa.

templado – moderadamente caliente.

Índice

alimentación 16, 18

caza 14, 16

cola 10

colores 8

comunicación 12

crías 20

cuerpo 4, 10

hábitat 6

océano 4, 6

oído 14

olfato 14

nadar 10, 16

vista 14